Kleindenkmale schreiben Geschichte

Historische Gren… …en

Geht der aufmerksame Spaziergänger oder Wanderer durch die Wälder und Feldfluren Hessens, so trifft er von Fall zu Fall auf historische Grenzsteine, die recht unterschiedliche Bedeutungen besitzen.

Insbesondere in den Wäldern sind noch viele Steine aus unterschiedlichen Zeitepochen vorhanden, doch wurden im Laufe von Jahrzehnten und Jahrhunderten etliche Steine durch unbedachtes Arbeiten im Wald zerstört oder von „Sammlern" als Erinnerungsstücke entfernt.

In den Feldgemarkungen sind die Verluste an Grenzsteinen noch um einiges höher. Dies hängt zum einen mit dem Einsatz immer größerer und moderner Maschinen, insbesondere Traktoren, in der Landwirtschaft zusammen. Zum anderen wurde auch von staatlicher Seite bei Flurbereinigungen in vielen Fällen keine Rücksicht auf historische Grenzsteine genommen und diese unwiederbringlich entfernt oder zerstört.

Auch durch Baumaßnahmen an Straßen und Wegen sowie durch den Siedlungsbau der vergangenen Jahrzehnte gingen viele Steine verloren.

Erfreulicherweise wurden aber auch in einigen Städten und Gemeinden verschiedene Grenzsteine gesichert und an bestimmten Plätzen neu aufgestellt. Diese Plätze befinden sich oft an markanten und gut zugänglichen Stellen und werden Lapidarien genannt (lat. Lapis Stein). Damit ist es möglich, sowohl das Kleindenkmal zu erhalten, als auch die mit den Grenz- …ene Geschichte wach …nd zu dokumentieren.

Grenzsteinforschung in Hessen

In Hessen beschäftigen sich sowohl das Landesamt für Denkmalpflege als auch das Hessische Landesamt für Bodenmanagement und Geoinformation mit der Inventarisierung alter Grenzmarken. Vor einigen Jahren wurden die Ergebnisse dieser Arbeiten landesweit in einer Wanderausstellung dokumentiert. Etwa 70 vom Land Hessen bestellte Grenzsteinobleute führen in allen Kreisen in Hessen ehrenamtlich die Erfassung der alten Grenzsteine durch.

Neben der amtlichen Erfassung gibt es seit November 2004 den „Verein zur Pflege historischer Grenzmale Hessen e.V.", der die amtliche und private Erfassung der historischen Grenzsteine tatkräftig unterstützt.

Außerdem gibt es in Hessen viele regionalgeschichtliche Vereinigungen und örtliche Heimat- und Geschichtsvereine, die sich um die Inventarisierung der Grenzsteine, die Denkmalerhaltung und Deutung der Buchstaben, Ziffern und Zeichen auf den Grenzsteinen, Öffentlichkeitsarbeit, die Veröffentlichung von Erkenntnissen in der Lokalpresse und historischen Sammelblättern sowie durch Grenzbegehungen verdient machen. Ebenso sind Vorträge und Grenzsteintagungen sowie die Errichtung und Unterhaltung von Grenzsteinlehrpfaden Bestandteile der Grenzsteinforschung.

Der Begriff Grenze

Das Wort „Grenze" stammt aus dem polnisch/russischen „granica" und wurde im 13. Jahrhundert in Preußen von den polnischen Nachbarn in den deutschen Sprachgebrauch übernommen.

Gerd Mathes am Grenzstein No. 165 der ehemaligen preußisch/hessischen Grenze bei Langgöns. KPS steht für Königreich Preußen, DHH für Dornholzhausen und NDC für Niedercleen (heute Niederkleen).

Insbesondere in Deutschland symbolisieren wir ganz konkret mit diesem Wort die „Zonengrenze", die zunächst als Grenze zwischen der sowjetischen Besatzungszone und den drei Westzonen nach 1945 errichtet wurde. Ursprünglich bestand sie in Hessen auf etwa 270 Kilometern Länge zwischen Kurhessen (ab 1866 Preußen) und den thüringischen Fürsten- und Herzogtümern. Ab 1949 war sie nicht nur die Grenze zwischen den beiden deutschen Staaten, sondern auch zwischen den konkurrierenden Weltsystemen. Diese Grenze wurde kontinuierlich ausgebaut. Todesstreifen, Stacheldraht, Beobachtungstürme und vor allem der nahezu unüberwindbare Metallgitterzaun mit Selbstschussapparaten waren die sichtbaren Zeichen der Unterdrückung der Menschen in der ehemaligen DDR. Und es gab dort einen Schießbefehl für die Grenztruppen der DDR. Die getöteten „Republikflüchtlinge" sind ein stets bleibendes Mahnmal für die Freiheit.

Geschichtliches über Grenzzeichen

Die Benutzung von Steinen, Bäumen, Gräben, Rainen und Erdwällen zur Abgrenzung von Gemarkungen, Markwäldern, Gauen und Ländern ist schon sehr alt. So verwendeten bereits die Römer Steine als Grenzzeichen, die im heutigen Deutschland teilweise noch vorhanden sind.

In früherer Zeit war der Begriff des persönlichen Grundeigentums noch nicht vorhanden. Er hat sich erst allmählich aus dem Grundeigentum der Dorfgemeinde entwickelt. Bis zum Mittelalter machte man sich mit der genauen Abgrenzung von Acker- und Weideflächen keine Sorgen. Standen doch der zuerst sehr geringen Bevölkerung mehr Ländereien und Wüstungen zur

Verfügung, als man brauchte. Als sich die Bildung der Ortsgemarkungen vollzog, bildeten neben Bächen und Flüssen auch Felsen, große markante Bäume, alte Römer- und Handelsstraßen, Gräben, teilweise herbeigeschaffte Findlinge, die Grenze zu den Nachbargemeinden.

Beim allmählichen Übergang des Ackerlandes und der Wiesen in Privateigentum erfolgte eine feste Abgrenzung durch Grenzsteine erst nach und nach und in manchen Regionen in Deutschland erst im 20. Jahrhundert. So waren in der Landwirtschaft über eine lange Zeit die „Raine" die Grenze zwischen den Grundstücken. Ein Rain ist der schmale nicht gepflügte Landstreifen von zwei bis drei Furchen Breite zwischen zwei Äckern.

Weiter waren „Lochbäume" allgemein verbreitete Grenzzeichen. Dabei handelt es sich um Bäume, an deren Stamm man eindeutige Markierungen anbrachte. Auch diese Grenzmale waren bis in das 19. Jahrhundert weit verbreitet, und einige von Ihnen sind noch heute in der Örtlichkeit vorhanden.

Ferner waren und sind auch heute noch natürliche Grenzen, wie z.B. Bäche und Flüsse als Grenzen definiert. Diese Grenzen können veränderlich sein. So kann sich der Flussverlauf nach jedem Hochwasser ändern. An der Oder zum Beispiel gibt es eine deutsch/polnische Grenzkommission, die jährlich die Grenze im Fluss überprüft.

In Hessen gibt es auch an verschiedenen Stellen Grenzgräben und Erdwälle zur Festlegung einer Grenze. Der römische Limes als heutiges Weltkulturerbe ist das beste Beispiel dafür. Solche Strukturen sind ebenfalls an einigen Gemarkungs- und ehemaligen Landesgrenzen noch erkennbar.

Landesgrenzsteine (Hoheitsgrenzsteine)

Die Landesgrenzsteine befinden sich an den Grenzen eines Landes. Im „Heiligen Römischen Reich Deutscher Nation" (843-1806) war jeder Kleinstaat als selbstständiges Territorium anzusehen, dessen Herrscher „reichsunmittelbar" war, d.h. direkt unter dem Reichsoberhaupt, dem habsburgischen Kaiser, stand. Auch die Reichsstädte, Dörfer und die der Reichsritterschaft zugeordneten Orte kann man somit als Kleinstaaten bezeichnen. Selbst das Kloster Altenberg bei Wetzlar und das Ritterstift Bleidenstadt bei Wiesbaden waren reichsunmittelbar.

Gerade das Gebiet des heutigen Bundeslandes Hessen war gesegnet mit solchen „Ländchen". Manche derselben waren im Besitz mehrerer Herren. So gehörte die Ganerbschaft Staden in der Wetterau zu 13/57 Teilen Isenburg-Büdingen, zu 32/57 Teilen dem Freiherren Löw von Steinfurth und zu 12/57 Teilen der Reichsburg Friedberg. Diese dreiherrische Ganerbschaft besaß Souveränitätsrechte (Landeshoheit) und war somit ein selbstständiges Staatswesen. Die Stadt Münzenberg im heutigen Wetteraukreis war sogar vierherrisch; sie gehörte zu 15/48 dem Fürsten zu Solms-Braunfels, zu 5/48 zu Solms-Laubach, zu 10/48 dem Grafen von Stolberg und zu 18/48 zur Grafschaft Hanau-Münzenberg.

Bis 1806 waren diese Grenzen oftmals auch Konfessionsgrenzen. Nach der Reformation im Jahre 1517 gab es in Deutschland katholische und protestantische Gebiete. Auf dem Augsburger Religionsfrieden von 1555 wurde die Regelung „cuius regio, eius religio" eingeführt. Dies bedeutete, dass das Bekenntnis eines Landesherren auch für seine Untertanen verbindlich war. Somit lassen sich auch heute noch die wechselhaften konfessionellen Ausrichtungen in den hessischen Regionen erklären.

Nach 1803 (Säkularisation), 1806 (Mediatisierung) und insbesondere in der nachnapoleonischen Zeit nach 1815 (Wiener Kongress) war die Kleinstaaterei weitestgehend zu Ende.

Im Gebiet des heutigen Bundeslandes Hessen gab es danach nur noch das Herzogtum Nassau mit dem Regierungssitz in Wiesbaden, das Großherzogtum Hessen mit der Landeshauptstadt Darmstadt, das Kurfürstentum Hessen (Kassel), das Fürstentum Waldeck und die Reichsstadt Frankfurt am Main. Das Gebiet um die ehemalige Reichsstadt Wetzlar wurde preußisch und gehörte bis 1932 als Exklave zur Rheinprovinz und dem Regierungsbezirk Koblenz.

Nach dem preußischen Sieg im Krieg mit Österreich im Jahre 1866 verloren die österreichischen Verbündeten Nassau und Kurhessen sowie Frankfurt ihre Selbständigkeit und wurden von Preußen annektiert. Das Großherzogtum Hessen musste das so genannte „hessische Hinterland", d.h. das Gebiet um Biedenkopf, an die neue preußische Provinz Hessen abtreten, zu der auch noch 1929 der damalige Freistaat Waldeck hinzukam.

Nach dem Zweiten Weltkrieg entstand das neue Bundesland „Groß-Hessen" aus dem Gebiet des Volksstaates Hessen (seit 1919 Nachfolgestaat des Großherzogtums Hessen) ohne das Gebiet Rheinhessen und mit dem größten Teil der Provinz Hessen-Nassau des Freistaates Preußen. Der über viele Jahrhunderte hinweg bedeutsamste deutsche Staat Preußen wurde offiziell am 25. Februar 1947 durch das Kontrollratsgesetz Nr. 46 vom „Alliierten Kontrollrat" der vier Besatzungsmächte aufgelöst.

Die Landesgrenzsteine an den Gebietsgrenzen waren früher wichtige Zeugen der Landeshoheit. Deshalb heißen sie auch Hoheitssteine.

Zwei Grenzsteine an der ehemals preußisch-nassauischen Grenze zwischen Braunfels-Tiefenbach und Löhnberg-Selters. Der Basaltfindling rechts wurde 1493 gesetzt, der linke Stein im Jahr 1820 mit den Inschriften: KP für Königreich Preußen, GTB für Gemeinde Tiefenbach und N 137 für die laufende Nummer 137.

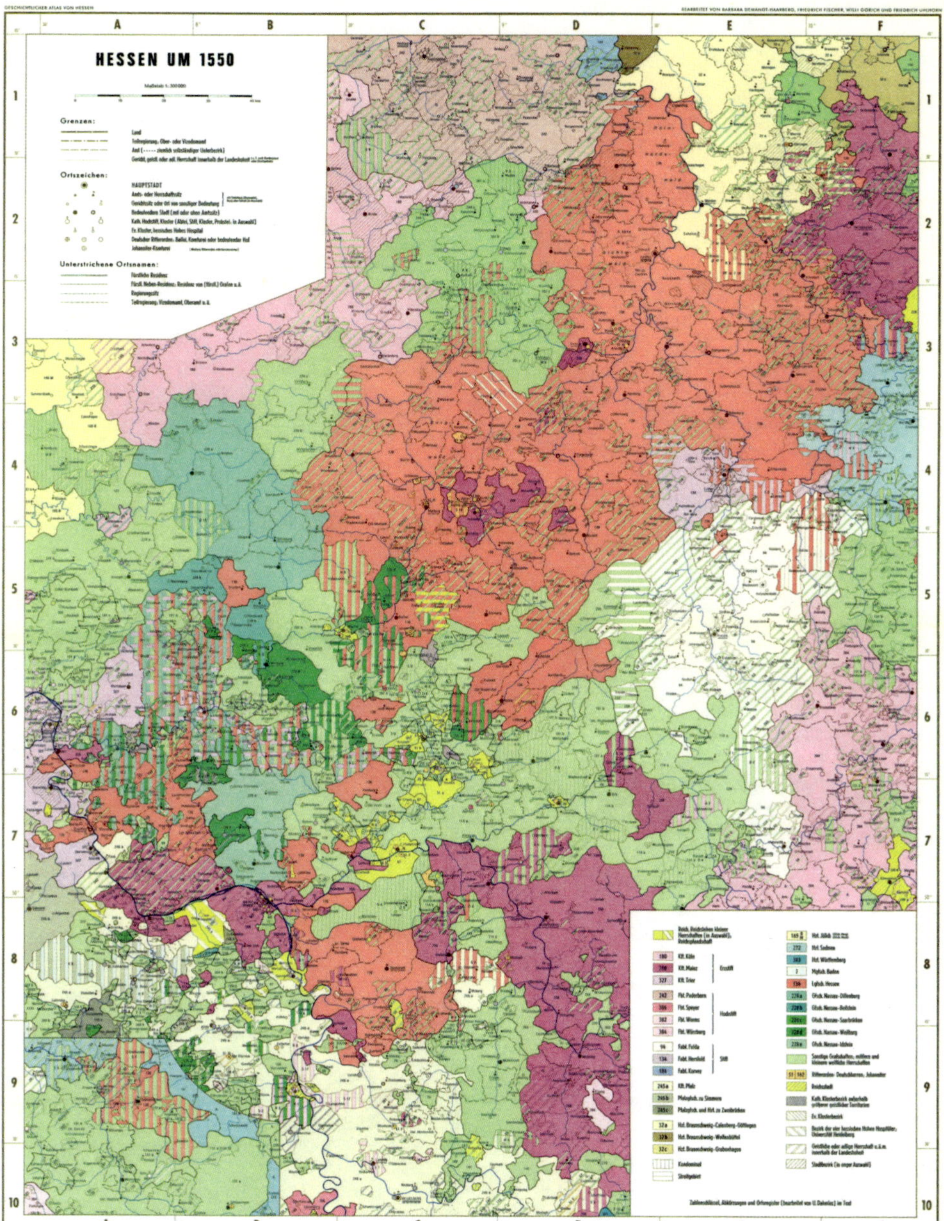

Hessenkarten: Geschichtlicher Atlas von Hessen. Begründet und vorbereitet durch Edmund E. Stengel, bearbeitet von Friedrich Uhlhorn im Hessischen Landesamt für geschichtliche Landeskunde, Marburg, 1960 - 2978, abgedruckt mit freundlicher Genehmigung des Landesamtes für geschichtliche Landeskunde.

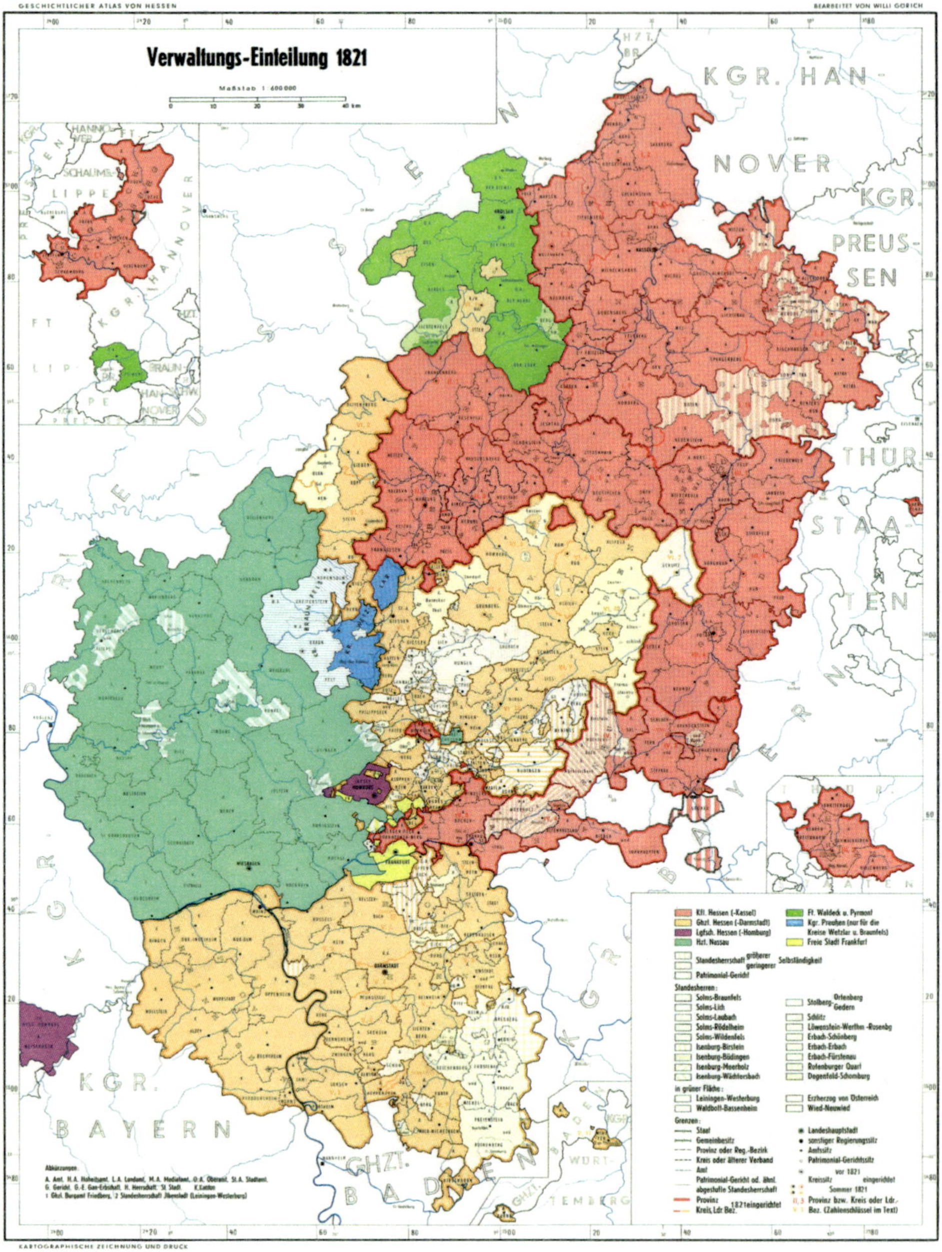

GESCHICHTLICHER ATLAS VON HESSEN
BEARBEITET VON WILLI GORICH
Verwaltungs-Einteilung 1821
Maßstab 1:600 000
KGR. HANNOVER
KGR. PREUSSEN
THÜR. STAATEN
KGR. BAYERN
GHZT. BADEN
WÜRTTEMBERG
Kfl. Hessen (-Kassel)
Ghzt. Hessen (-Darmstadt)
Lgfsch. Hessen (-Homburg)
Hzt. Nassau
Ft. Waldeck u. Pyrmont
Kgr. Preußen (nur für die Kreise Wetzlar u. Braunfels)
Freie Stadt Frankfurt
Standesherrschaft größerer / geringerer Selbständigkeit
Patrimonial-Gericht
Standesherren:
Solms-Braunfels
Solms-Lich
Solms-Laubach
Solms-Rödelheim
Solms-Wildenfels
Isenburg-Birstein
Isenburg-Büdingen
Isenburg-Meerholz
Isenburg-Wächtersbach
Stolberg-Ortenberg / Gedern
Schlitz
Löwenstein-Werthm.-Rosenbg
Erbach-Schönberg
Erbach-Erbach
Erbach-Fürstenau
Rotenburger Quart
Degenfeld-Schomburg
in grüner Fläche:
Leiningen-Westerburg
Waldbott-Bassenheim
Erzherzog von Österreich
Wied-Neuwied
Grenzen:
Staat
Gemeinbesitz
Provinz oder Reg.-Bezirk
Kreis oder älterer Verband
Amt
Patrimonial-Gericht od. ähnl. abgestufte Standesherrschaft
Provinz / Kreis, Ldr. Bez. 1821 eingerichtet
Landeshauptstadt
sonstiger Regierungssitz
Amtssitz
Patrimonial-Gerichtssitz
Kreissitz vor 1821 / Sommer 1821 eingerichtet
Provinz bzw. Kreis oder Ldr.-Bez. (Zahlenschlüssel im Text)
KARTOGRAPHISCHE ZEICHNUNG UND DRUCK
K.G. LOHSE OHG. FRANKFURT-M

GESCHICHTLICHER ATLAS VON HESSEN

BEARBEITET VON FRIEDRICH UHLHORN

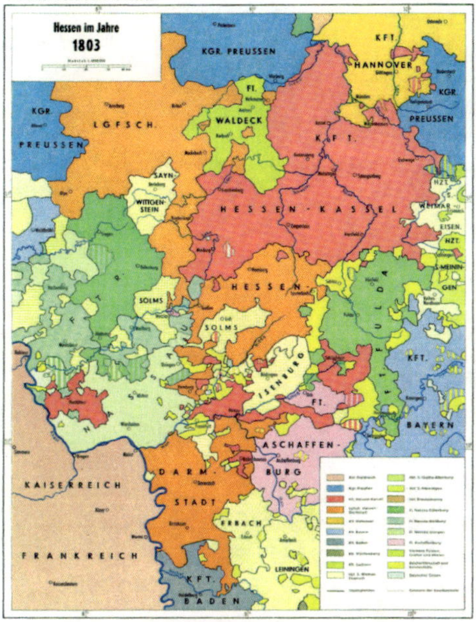

KARTOGRAPHISCHE ZEICHNUNG UND DRUCK
K.G. LOHSE FRANKFURT AM MAIN

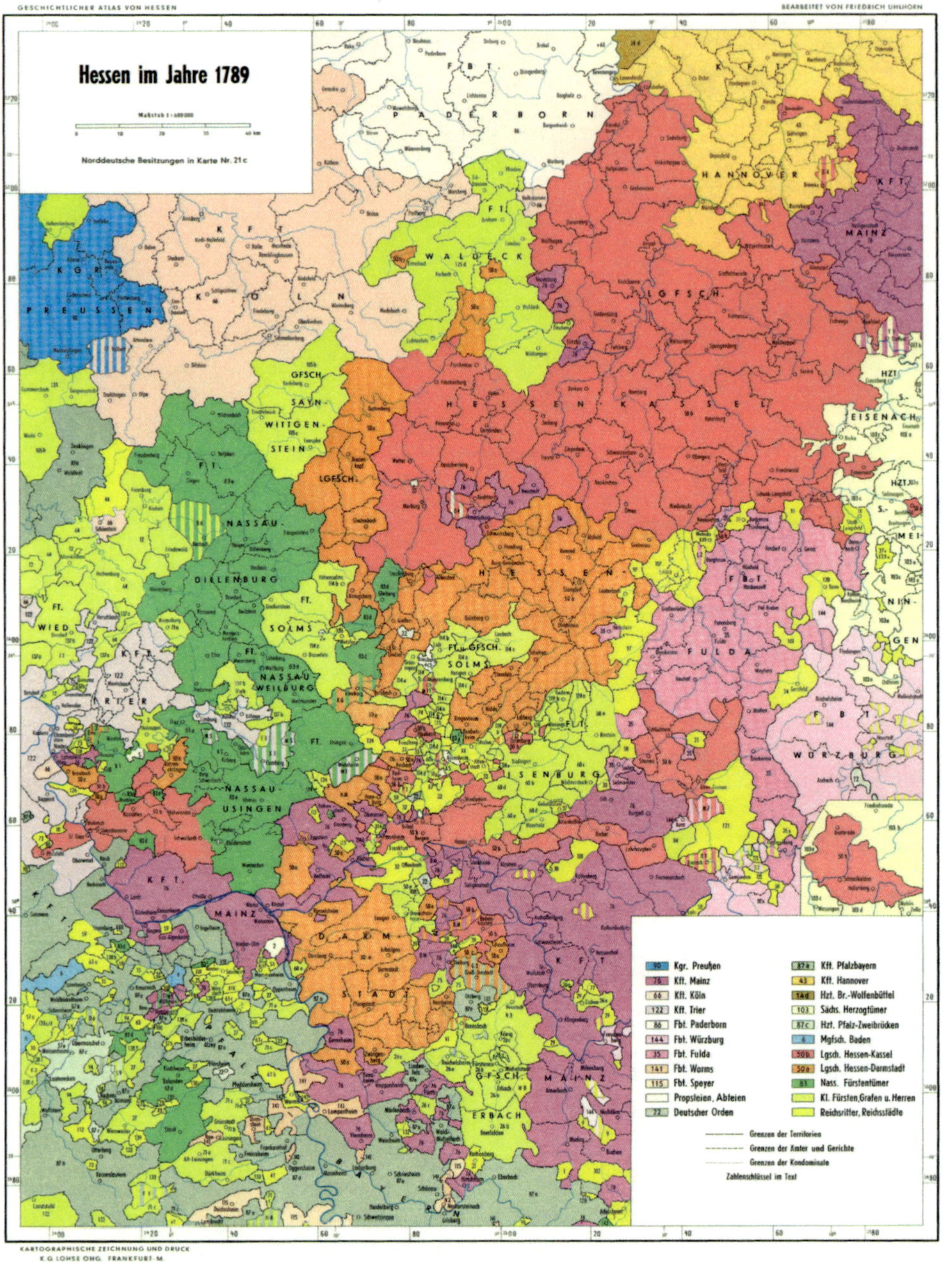
GESCHICHTLICHER ATLAS VON HESSEN
BEARBEITET VON FRIEDRICH UHLHORN
Hessen im Jahre 1789
Maßstab 1 : 600 000
0 10 20 30 40 km
Norddeutsche Besitzungen in Karte Nr. 21 c
FBT. PADERBORN
HANNOVER
KFT. MAINZ
KGR. PREUSSEN
KFT. KÖLN
FT. WALDECK
LGFSCH.
HESSEN-KASSEL
GFSCH. SAYN-WITTGENSTEIN
LGFSCH.
FT. NASSAU-DILLENBURG
FT. SOLMS
FT. WIED
KFT. TRIER
FT. NASSAU-WEILBURG
FT. u. GFSCH. SOLMS
HESSEN-
FBT. FULDA
FT. ISENBURG
FT. NASSAU-USINGEN
KFT. MAINZ
DARMSTADT
GFSCH. ERBACH
MAINZ
FBT. WÜRZBURG
EISENACH
HZT. S.-MEININGEN
90 Kgr. Preußen
76 Kft. Mainz
66 Kft. Köln
122 Kft. Trier
86 Fbt. Paderborn
144 Fbt. Würzburg
35 Fbt. Fulda
141 Fbt. Worms
115 Fbt. Speyer
Propsteien, Abteien
72 Deutscher Orden
87a Kft. Pfalzbayern
43 Kft. Hannover
14d Hzt. Br.-Wolfenbüttel
103 Sächs. Herzogtümer
87c Hzt. Pfalz-Zweibrücken
6 Mgfsch. Baden
50b Lgsch. Hessen-Kassel
50a Lgsch. Hessen-Darmstadt
83 Nass. Fürstentümer
Kl. Fürsten, Grafen u. Herren
Reichsritter, Reichsstädte
Grenzen der Territorien
Grenzen der Ämter und Gerichte
Grenzen der Kondominate
Zahlenschlüssel im Text
KARTOGRAPHISCHE ZEICHNUNG UND DRUCK
K. G. LOHSE OHG. FRANKFURT-M.

Grenzverletzungen seitens der Nachbarn waren nicht selten. In den Staatsarchiven in Darmstadt und Marburg sowie im Hauptstaatsarchiv in Wiesbaden gibt es genügend Beispiele für solche Vorgänge.

Zwischen 1830 und 1840 war es zudem vielfach üblich, dass die Landesherren an den Hauptzufahrten in ihr Land hohe Grenzsäulen setzen ließen, die mit dem Landeswappen geschmückt waren. Solche Säulen befinden sich zum Teil noch an den Grenzen der ehemaligen Landgrafschaft Hessen-Homburg, dem Großherzogtum Hessen, Kurhessen und dem Herzogtum Nassau. Die Grenzsäulen des Herzogtums Nassau bestehen aus Lahnmarmor und wurden in der Steinmanufaktur des Landeszuchthauses in Diez hergestellt.

Die territoriale Zersplitterung Deutschlands führte auch zu wirtschaftlichen Nachteilen insbesondere gegenüber Frankreich und England. Jeder Kleinstaat finanzierte sich zum Teil über die Warenzölle. Dadurch wurde der Handel stark behindert und verteuert. Nach 1830 wurde dem durch die Bildung des deutschen Zollvereins entgegengesteuert. Aber erst durch die Bildung des Deutschen Kaiserreiches im Jahre 1871 konnte dieses Problem gelöst werden.

An den Landesgrenzen wurde auch früher intensiv geschmuggelt. Neben dem Branntwein war dies insbesondere Salz, das bei Nacht und Nebel über die Grenzen transportiert wurde. Salz war ein kostbares Gut, welches die Menschen käuflich erwerben mussten. Die Salzsteuer war aber unterschiedlich hoch in den einzelnen Ländern, so dass dies dazu führte, dass es einen illegalen Salzhandel aus den Ländern mit geringer Salzsteuer (Nassau, Hessen) in die Länder mit hoher Salzsteuer (Preußen) gab.

Es standen gleichzeitig auch Gebäude auf zwei Territorien. Das berühmteste Beispiel ist die Druckerei an der hessisch-thüringischen Grenze zwischen Philippsthal und Vacha. 9/10 des Gebäudes standen auf der hessischen und 1/10 des Gebäudes auf der thüringischen Seite. Das Problem wurde dauerhaft gelöst, indem auch der thüringische Teil des Gebäudes zu Hessen kam. Dazu waren viele Verhandlungen zwischen der Bundesrepublik Deutschland und der DDR notwendig.

Gemarkungsgrenzsteine

Die Gemarkungsgrenzsteine heißen auch Mark-, Bann- oder Malsteine. Ihr Zweck besteht darin, die Grenzen einer Ortsgemarkung festzulegen. Oftmals wurden dazu unbehauene Bruchsteine, wie die in den Regionen vorkommenden Grauwacken, Basalte, Schalsteine, Kalksteine und Schiefer verwendet. In manchen Gegenden überwiegen aber die vierkantig behauenen Sandsteine, die in neuerer Zeit zunehmend durch Granitsteine ersetzt werden.

Die Gemarkungsgrenzsteine sind sehr vielseitig. Oftmals befinden sich keine Zeichen auf ihnen. Auf einigen Grenzsteinen wurden die Anfangsbuchstaben des Ortes eingekerbt, es gibt aber auch Steine mit ortsüblichen Symbolen oder Ortswappen.

Unseren Vorfahren war es sehr wichtig zu wissen, wo sich die Grenzen der Gemarkung befanden. Dies ist der Grund dafür, zu einer Zeit, als es noch keine Katasterkarten gab, also vor mehr als 200 Jahren, die Lage der Grenzsteine und der Grenzlinien in der Örtlichkeit abzugehen. Auch im heutigen Hessen galten die Bestimmungen der „Herzoglich Magdeburgischen Landesordnung", in der es heißt:

„Es soll eine jede Gemeinde mit Zuziehung ihrer Jugend vor oder nach den Tagen Walburgis oder Michaelis, oder welchem Tag es jedem Ort bequem ist, einmal des Jahres ihre Markgränzen umziehen, alles wohl bewahrschauen, die verfallenen Gränzen und Mahlsteine, Gräben, Hügel, Hägesäulen, Mahlbäume und andre alte Nachrichtigung erneuern und die Alten denen Jungen davon Bericht thun."

Der jährliche Grenzumgang war bei uns in älterer Zeit allgemein üblich und verschwand erst nach und nach im 18. Jahrhundert. Einige Städte und Gemeinden im Kreis Marburg-Biedenkopf wie Biedenkopf, Goßfelden und Wetter feiern noch heute alle sieben Jahre ihr Grenzbegangsfest.

Wenn die Gemarkungsgrenzen sehr lang waren, dauerte der Grenzbegang oft mehrere Tage.

Gütersteine

Die dritte Hauptgruppe der Grenzsteine bilden die Gütersteine. Das sind die Grenzsteine an den einzelnen Grundstücken oder Parzellen, also an Äckern, Wiesen, Gärten, Weinbergen usw. Sie heißen auch Rainsteine, Feldsteine, Furchensteine, Schiedsteine, Eigentumssteine, Zielsteine, Termsteine oder Parzellensteine. Diese wurden zumeist aus den in der Region vorkommenden Bruchsteinen hergestellt.

Immerhin findet man noch in bestimmten Orten eine ganze Anzahl von Gütersteinen mit Kennzeichen, auch Wappen vom örtlichen Adel, von Stiften und Klöstern und sonstigen Grundbesitzern. Besonders um Mainz und Frankfurt, in der Mainebene und in den Weinbergen des Rheingaues findet man heute noch häufig schön gestaltete Gütersteine. Leider sind aber viele dieser Steine durch die Flurbereinigung in den letzten Jahren verloren gegangen.

Grenzsteine besonderer Art

Die Grenzsteine besonderer Art begrenzen weder ein Land, eine Ortsgemarkung oder eine Parzelle, sondern oftmals ohne Rücksicht auf diese Grenzen ein festgelegtes Gelände oder Gewässer für eine bestimmte Nutzung.

Zuerst seien hier die Weide-, Hute- oder Schäfersteine, die auch Trattsteine oder Triftsteine heißen, genannt. Sie stehen meistens an den so genannten Koppelweiden (Koppelhut, Mitweide). Darunter versteht man ein großes Gelände, auf welchem zwei oder mehrere Gemeinden das Weiderecht besitzen und welches meistens gemeinsames Eigentum dieser Gemeinden war. Diese Koppelweiden entstanden zu einer Zeit, als es noch keine festen Gemarkungsgrenzen gab. Da es bei den Koppelhuten oftmals Streit zwischen den beteiligten Gemeinden gab, wurden sie im 18. oder 19. Jahrhundert entweder geteilt oder ganz aufgelöst, aber die alten Grenzsteine existieren zum Teil immer noch.

Im Frankfurter Stadtwald hatte der Deutsche Orden das Weiderecht für die Schafe des dem Orden gehörenden Sandhofes. Dieser Walddistrikt auf der Königsheide westlich der Oberschweinstiege ist noch heute mit den so genannten Schäfersteinen ausgesteint.

Um ein Jagdgebiet innerhalb einer Waldung oder auch mehrerer Gemarkungen abzugrenzen, gab es früher auch Jagdsteine. Zuweilen wurden auch hölzerne Jagdsäulen oder Hegesäulen benutzt. Diese Jagdsteine befinden sich noch heute zwischen Urberach und Messel bei Darmstadt, auch wenn sie keine Bedeutung mehr haben.

Fischwassersteine gab es an Flüssen und Bächen, an denen der Fischfang ausgeübt wurde. Die Berechtigung des Fischfanges war nicht immer an die

Grenzstein des Bergwerksfeldes „Ottilie" bei Braunfels.

Landesgrenzen gebunden. So findet man noch heute diese besonderen Steine z.B. an der Nidda bei Frankfurt oder an der Lahn zwischen Gießen und Wetzlar.

Ein Relikt des Mittelalters sind die so genannten Burgfriedenssteine. Unter dem Burgfrieden verstand man einen ausgesteinten Bereich um die Burg, in welchem alle Streitigkeiten, Schlägereien, Verwundungen durch Waffen usw. verboten waren. Es gibt zahlreiche Urkunden und Verträge über den Burgfrieden vieler Burgen in Hessen. Der Verfasser kennt solche Grenzsteine in der Umgebung von Burg Braunfels und Burg Eppstein.

Bedeutsam waren auch die Geleitsteine und die Freiungssteine. Die Geleitsteine zeigten an, wie weit das Geleitrecht des Landesherren an den Landstraßen ging. Die Freiungssteine kann man auch als Asylrechtsteine bezeichnen. Einige Fürsten und Stände des Reiches übten das „Jus Asylorum" aus und bestimmten gewisse Orte, Burgen oder Höfe als Zufluchtstätten für verfolgte Menschen. So war die Reichsburg Kalsmunt bei Wetzlar seit 1609 durch „Freisteine" von der Stadt getrennt. Frauen und Männer, die aus der Stadt flüchteten, erhielten auf der Burg Asyl. Dieses Asylrecht war auch 1723 noch nicht aufgehoben.

Landesgrenzstein des Kurfürstentums Trier, aufgestellt im Lapidarium in Runkel-Schadeck.

Es gab und gibt auch noch Grenzsteine an Landstraßen, an größeren Flüssen, an Waldschneisen zur Abgrenzung der einzelnen Forstdistrikte und an Eisenbahnstrecken.

Ferner gibt es auch noch so genannte Lochsteine. Dies sind Grenzsteine ehemaliger Grubenfelder, insbesondere für Bergwerke, die auf Eisenerz verliehen wurden. Diese Steine sind häufig mit dem Bergbausymbol „Schlägel und Eisen" gekennzeichnet.

Eine besondere Bedeutung hatten die Zehntsteine. Im Prinzip kann man sie den Gütersteinen zurechnen, da sie normalerweise an Grundstücksgrenzen stehen. Ihr Zweck war aber ebenso, die Belastung eines Grundstückes durch den „Zehnten" anzudeuten. Der „Zehnte" war die Steuerabgabe für Feldfrüchte oder Wein an den Landesherren, die Kirche oder auch an Klöster und andere Einrichtungen.

Ebenso findet man die Steine der Landesvermessung, die sogenannten trigonometrischen Punkte, an exponierten Punkten in der Landschaft. Sie bilden die Grundlagen für Vermessungen in Hessen.

An einigen Landstraßen sieht man noch heute alte Meilensteine in Form von Obelisken oder runden Säulen. Besonders sind dies die kurtrierischen Stundensteine zwischen Limburg und Bad Camberg an der heutigen Bundesstraße B8. Diese Meilensteine zeigen uns an, wie viele Stunden früher die Postkutsche noch nach Frankfurt oder Koblenz benötigte.

Viele Menschen beachten oftmals nicht die historischen Grenzsteine und ihre herausragende Bedeutung in der Vergangenheit, die zum Teil noch heute gilt. Die Bedeutung von Grenzsteinen und Grenzmalen ist jedoch vielseitig: für die Territorialgeschichte, für örtliche Grenzen und für besondere Nutzungsarten.